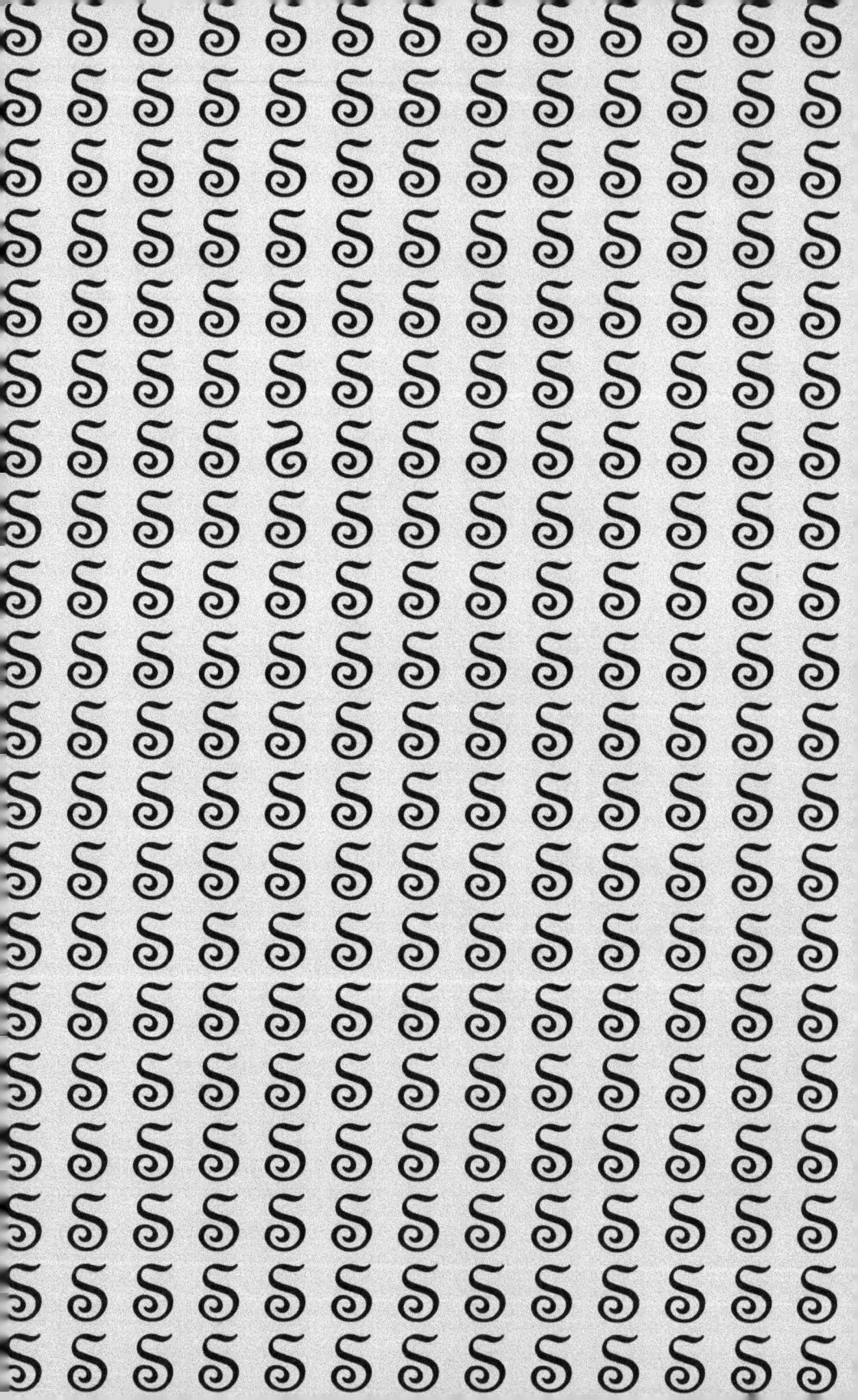

El Perro de los Recuerdos

El Perro de los Recuerdos

Mariella Argüelles

Poetisas al Sur del Mundo

Editorial Segismundo

S © Editorial Segismundo SpA, 2015-2021

El Perro de los Recuerdos
Mariella Argüelles
Colección Poetisas al Sur del Mundo, 13

Primera edición: Julio 2015
Versión: 2.4
Copyright © 2015-2021 Mariella Argüelles

Contacto: Juan Carlos Barroux R.<jbarroux@segismundo.cl>
Edición de estilo: Juan Carlos Barroux Rojas
Diseño gráfico: Juan Carlos Barroux Rojas
Diseño de portada: Juan Carlos Barroux Rojas
Fotografía de portada: Alberto Correa Gachon
Fotografía de contraportada: Alberto Correa Gachon

Registro Propiedad Intelectual N° 251.639
ISBN-13: 978-956-9544-21-7

Otras ediciones de

El Perro de los Recuerdos:

Impreso en Chile
ISBN-13: 978-956-9544-99-6

Tapa Dura – Amazon™, etc.
ISBN-13: 978-956-6029-71-7

POD – Amazon™, EBM®, etc
ISBN-13: 978-956-9544-21-7

eBook – Kindle™, Nook™, Kobo™, etc.
ISBN-13: 978-956-6029-00-7

Audiolibro – Audible™, etc.
ISBN-13: 978-956-6029-13-7 (Retail)
ISBN-13: 978-956-6029-14-4 (Library)

A mi abuela, Manuela, quien nos soñó poetas.

Prólogo

Estos son los poemas de una mujer, Mariella Argüelles, pues nos confiesa que *"He nacido para parir versos"*, acto definitorio de la condición femenina. La vida y su espejo, la muerte, tejen su danza en estos versos llenos de senderos en los paisajes de la existencia, con la belleza de la pampa patagónica.

> *Mujer que hace el amor*
> *a deshora con la vida y la muerte*
> *para parir versos de un mismo padre.*

La autora nos lleva entonces a recorrer los simétricos senderos del amor y del desamor, otros nombres para la vida y la muerte, en una jornada llena de esperanzas, despedidas y añoranzas, todas dulces.

> *La vida es sólo la otra cara de la muerte,*
> *la vida es un orgasmo*
> *que a veces no llega a tiempo*
> *es silencio en la garganta*
> *y la angustia buscando el nido de tu cuello.*

Con gran dominio de su arte, de las palabras, Mariella nos lleva a caminar acaso en el canto mismo de un par de pulidas monedas de plata, frágiles espejos de nuestra humanidad, precio ineludible del existir.

Tengo nostalgia
de rincones
y esquinas cotidianas.

Primero, una moneda de viajera, de provinciana avecindada en Santiago, más aún, patagónica que no acaba de llegar a la capital décadas después. Partidas, llegadas, viajes, esperas y despedidas pueblan los andenes la vida, llenos de los inmensos paisajes de esta América nuestra, *"Dorada la tierra / ancha y sin límites"*, sólo comparados con los infinitos paisajes interiores de nuestras almas pobladas de barómetros, desvaríos, grietas, bicicletas, sueños y hojas en otoño.

Hoy adolezco
de parques y cementerios
de paseos y piernas

Segundo, está la otra moneda, canto al amor, el eterno descosido entre la vida y la muerte, por cuyas anchas caderas navegaremos de besos en caricias, de suspiros en versos, para terminar tras mucho andar en la ribera de estas palabras.

Y mis palabras están mojadas, húmedas, abiertas,
gritando que las tomes, que te metas dentro de
[ellas
que las saborees hasta el fondo.

Juan Carlos Barroux R.
Al Sur del Mundo, julio de 2015

Autoprólogo

E ste puñado de letras, unidas a retazos como un *quilt*, son vestigios de la vida, colgada, aferrada con dientes, con furia, con delicadeza de caricia, con fuerza de vendaval patagónico. Son jirones que no quieren desprenderse de la cabeza, de las entrañas, de los sueños ni del día a día, entonces tuvieron que ser escritas para ser metabolizadas. Escribo para eso: para metabolizar la vida, y en ese proceso revisitar lugares, seres y desvaríos.

Los invito a recorrer estas puntadas, a acariciar las costuras que deja la vida, para procesar sus propios sitios, seres y aconteceres, porque creo que la poesía debe cantar en las vidas personales el transitar de todo lo humano. Quisiera que mis versos fueran las esquirlas que al golpearlos les ayudaran a sanar heridas, o abrirlas para que sangren todo lo que tengan que sangrar, que fueran vendaval y brisa, grito y susurro, o nada más que ese *quilt* de puntadas finas y gruesas que unen materiales diversos para formar ese manto donde se cobije la experiencia compartida de habitar y caminar por este mundo como seres que se piensan, se sienten y por sobre todo se dicen.

Mariella Argüelles

De amor y desamor

Amor tipográfico

Porque tu silencio contiene mis palabras

(aunque estas puedan ser más de cien por minuto

como tú mismo has contado).

Por tu sonrisa alada

de pájaro en primavera

que me regresa a la libertad de la infancia.

Por el brillo honesto de tu mirada,

por tus manos fuertes y suaves.

Por tu mansedumbre, fuente de serenidad

que me hace volver a saborear la vida.

Por tu mirada que me construye y recrea,

regalándome dulzura y belleza.

Por la ternura y el enojo.

Por el silencio y la risa.

Por cobijarme del frío.

Por los desayunos.

Por los cientos de "Viajes a las estrellas".

Y sobre todo, lo más importante,

la esencia y fuente inagotable de misterio,

porque sí, porque eres tú.

Te amo y no alcanzan las *cursivas* para decirlo.

Te amo en VERSALITAS, en **bold**, <u>subrayada</u>,

y en el mayor de los cuerpos que quepa en las páginas.

Te amo tipográficamente hablando,

en *vellum* y *ozalid*,

en primeras y segundas pruebas.

Te amo y te doy mi imprimátur.

Te amo y eres mi mejor antología

de los miles de poemas que nunca he escrito.

Te amo en gloria y majestad,

sin pena ni gloria,

a la sombra de todos los refranes

y lugares comunes,

al refugio de los libros

más geniales,

al amparo de los inéditos,

y en el brote de estas palabras

que nacen al sentir tu mirada

y recibir tus labios de sandía

con sabor a tierra y verano.

Cielo y charco

El cielo y el charco se están besando

al amanecer y con descaro.

Ojos atónitos

intentan impedir un amor tan descabellado.

Lo etéreo y el barro

ya se han apareado,

imposible diluir tanto amor,

tanto fuego, tanto abrazo.

Los extremos se tocan

y hay: un día oscuro, una noche clara,

un charco celeste,

un cielo –en barro–.

Personas y personas

Ojos abundan y bocas y manos,

piernas y genitales,

gravitan, atacan,

empalagan, ahogan,

agreden, agradan.

Hay momentos en que todo se vuelve

un gran supermercado de lo humano

días de oferta: llegar y llevar

personas de uso diario

personas de días domingo

seres como de dieta blanda

sólo para de cuando en cuando.

Y hay un momento cotidianamente mágico

en que sólo son dos ojos: los tuyos

sólo una boca: tu beso

sólo dos piernas y dos manos

un sexo solo: tu abrazo.

Entonces, tu nombre

y mi sexo temblando,

tu nombre y mi cuerpo

del hielo a la tibieza de sábana.

Tu nombre

y mi instinto

serpiente al sol.

Para anidar el sueño

Hay un tiempo de cobijarse

para anidar el letargo.

Las flores se secan

las hojas caen

para arrullar el sueño

del árbol en otoño.

Si hasta el cielo se viste

de gruesas cortinas grises

para velar el sueño del sol

y se abre para llorar conmigo

la pena infinita

de tus ojos

que no salen a mi encuentro

de tus manos que no

de tus labios que ya no

de tu estar a mi lado

como canción de ausencia.

Cuando el amor se aleja,

¿hay que dejarlo, porque está durmiendo?

Plegaria

Dame un rumbo

te daré huellas.

Dame un porqué

y seguiré viva.

Dame ritmo

te daré palabras.

Dame motivos

te daré tiempo.

Dame anhelo

te daré deseo.

Dame esperanza

me derramaré como lluvia.

Dame sur

te daré viento.

Dame vida,

porque estoy muriendo.

Fantasma

A veces pienso

que cuando no estés

vendrá tu fantasma

a poseerme

y lo desearé y temeré

tanto como a ti.

A veces siento

que cuando te vayas

por fin vendrás

y tu fantasma

desaparecerá

para siempre.

Nada

Entre tú y yo

no hay nada

más que un gran abismo de distancia.

Ayer el hueco de tu palma

al buscar la plenitud

de mi forma

encontró forma

vacía de todo

y llena de nada.

Tu boca, tus manos

son espadas

que cortan poesía

separan y matan.

Existió la mística

poesía del encuentro

ahora, entre tú y yo

NADA.

Sólo el insalvable

tajante

abismo de distancia.

Sola

Me he vuelto a quedar sola

con toda la fuerza del mar en el alma

con miles de trinos rompiendo esperanzas.

Sola sin sueños.

Sola enfrentada contra la pared

de esta terrible verdad innegable.

Sola sin el consuelo de tus ojos,

sin la ilusión quemante de tu boca

sin el recodo de unión en la distancia.

Sola y una canción amarga.

Con una tristeza espesa

como aceite de lámpara.

Sola y la Cruz del Sur apagada.

Sola y la lluvia que cae

fría y distante

desde los cristales

al alma.

Mariella Argüelles

Conjugando el amor

El más transitivo de los verbos es amar

transita o no se conjuga.

Si no, es sólo sueño quimérico

de un yo que conjuga hacia

un tú que no responde,

y entonces muta a insospechados

significados doloridos:

flagelar, humillar, ilusionar, inventar,

esperar, desesperar, ignorar,

tropezar, estrellar

y en la hipérbole

de la transmutación

llega incluso a la sinonimia

con el verbo odiar.

Cuidado, sujeto conjugador,

que esta serie nombrada

casi siempre o más bien

indefectiblemente

se conjuga en reflejo,

es decir, anteponga un me

antes de conjugarlo,

y saque usted sus propias conclusiones.

¿Desde dónde?

¿Desde dónde pregunto al amor

por qué no?

¿Por qué no quiso posarse

un instante como mariposa

inquieta en viaje

de prisa eterna?

¿Por qué eligió la porfía

del rincón que aprisiona

desde la letanía

de la angustia imperecedera?

¿Por qué levantó su tienda

con la firme campaña

de no dejar olvidarte?

¿Desde dónde lo increpo

si soy la cómplice

silente de la porfía

dura de la fiel pasión

que a cárcel triste me condena?

Tarjetas de presentación

Intercambiaron fluidos

recuerdos espesos y lentos

de digerir como chocolate

sin leche.

Sonrisas melancólicas

abrazos desesperados

desgarros desanudados, también

se intercambiaron.

Intercambiaron acaso

el vestigio más concentrado

de lo que iba quedando

del amor.

Acaso también uno que otro

sueño de ilusiones insomnes.

Para finalizar se cruzaron

ambas tarjetas de presentación,

en la de ella se leía: experta en medición,

en la de él, esto no tiene nombre.

Mariella Argüelles

Amor imposible

Este amor que no es y ya es,

siendo esperanza mojada

que florecer no quisiera,

pero se agiganta con el recuerdo

de tus labios y tus ojos buenos.

Eres esencia de madera y viento.

No sé si me darás aliento,

o me quemarás hasta los huesos

sólo sé que sin quererlo

te me has adentrado en el cuerpo

que oculto en la esperanza

duermes en mis sueños.

Eres poema inconcluso,

verso sin melodía,

frontera sin límites,

dolor que causa alegría.

No sé lo que sueñas,

apenas si intuyo

la harina que forja tu pan

y ya sé que te quiero

como nunca soñé

que querer se podía.

Eres fresco y maduro

como manzana sureña.

Eres lluvia y brisa,

vendaval de primavera,

sol en pleno invierno.

Eres mío sólo en sueños

y de otra en tiempos

de metáforas ajenos

llenos de concretas realidades

tan imaginarias como los cuentos,

porque soy yo quien te escribe

y no hay verdad más quemante,

más real ni poderosa

que la de los versos.

¡Ay, amor, que no siendo ya eres!

¡Ay, amor, amor, lluvia y fuego!

¿Dónde?

¿En qué bostezo del sueño

se tejió el olvido?

¿En qué recodo del tedio

se entrampó el respeto?

¿En qué solitaria

conjugación del amor

fue que nos perdimos?

Caminar como fantasmas

tras espejismos de

mejores vidas

no es lo que cuesta,

desandar ese largo camino

ahí, ahí sí está lo *jodido*.

Mariella Argüelles

Huyendo del calor en verso

Puede que llegue a ti, huyendo del calor

pero sé que en el tuyo no encontraré tregua para este

[fuego

más te veo, más te tengo, más se enciende.

Más quiero estar entre tus piernas, sobre ti, debajo de ti

y sigo queriendo más

y sólo el cuerpo exhausto pone el límite.

Me amarra tu amor intenso que se vuelve calentura

como las palabras se vuelven verso.

Tu mirada me toca,

tu voz me penetra.

Tú,

tú, me vuelves loca.

Y mis palabras están mojadas, húmedas, abiertas,

gritando que las tomes, que te metas dentro de ellas

que las saborees hasta el fondo.

Para que te puedan decir cuánto estoy sintiendo.

Pero, no hay redondilla, soneto, ni silva que alcance,

la metáfora resbala sentidos

en forma sosa y se queda corta.

No hay palabras que alcancen.

Entonces mi pasión se vuelve verso

sólo para decirte cuánto te quiero.

Y he de dejar

Y he de dejar de pasear la vista

por los muros desbordados

de profanas escrituras

donde descubrí

de modo cacofónico

cómo rima felonía con amistad.

Tus muros rayados

levantaron distancias

y agitaron mis venas

repletas de sangre caliente.

Hoy no quiero pasear

por un triste Berlín,

vuelto a cercar

con las piedras viejas

de los buenos de siempre

y los malos de antaño,

disfrazados de actuales buenos:

cariñosos e inocentes niños confusos.

He de dejar de pasear

la vista por los muros

atiborrados de ególatras *selfies*

de no actividades listadas

para certificarse una vida.

Tu muro es el Berlín de antaño.

Sus rayados nos dividieron:

Este o Esta.

Orbuá, olvídate, *gudbai*

chaolín,

que te caiga un virus

que te pise un *jaquer*

que se redireccionen tus mensajes

internos y se vuelvan públicos.

Y como se trata de adioses

y últimas veces,

rájate al menos

con un *like*

para esta publicación.

El perro de los recuerdos

Me ha ladrado el perro

feroz de los recuerdos,

la furia animal de la nostalgia

me ha apuñalado a dentelladas

las corvas del alma.

Si los perros ladran,

¿será señal de que avanzamos?

¡Ay, viejo Sancho, rescátame

con un verso de tu refranero!

Mira que la nieve cae al alma

como al verso el rocío,

como quiso decir el poeta,

y hay días que este Quijote

no puede combatir los molinos

movidos por el viento de la pena.

Banquete de bodas

Entra, esposo mío,

y siéntate a nuestra mesa,

banquete cotidiano de bodas.

Anchas son mis caderas,

puertas generosamente abiertas,

para que puedas entrar

y sentirte al fin en casa.

Ven y siémbrame

no sólo con tus sueños,

sino con el trigo

con el que amasas

el sustento

de nuestros

temblorosos cuerpos.

Ven y lléname de tus silencios

poblados de miradas

y de silentes requiebros,

de insomnes dudas, de risas liberadas,

de recetas e incógnitas.

Ven y siéntate

a la mesa de bodas.

No necesitamos

de ilustres invitados,

en ella están

los que se han llevado

un poco del pan ácimo

y han traído llenas

las vasijas de la generosa

alegría, en vino convertida,

para festejar como propia

la dicha de los amigos.

No necesitamos de fotos

para el recuerdo

con padres, hermanos ni abuelos,

a nuestro lado

se sientan y conversan

los ancestros

y los honramos

cada vez que en nosotros

los reconocemos,

cada vez que los entrecruzamos

en nuestras historias,

como copas de champán,

cada vez que se sientan a

nuestro lado y son parte

de nuestro amor.

Ven, esposo mío,

amado mío,

siéntate a nuestra mesa,

banquete cotidiano de bodas,

y siémbrame de sueños

y de realidad.

Un roto y un descosido

¿Qué sucede cuando se encuentra un roto con un
[descosido?

Nada muy diferente a cuando se encuentra un príncipe
[con una princesa.

Créame, desocupado lector, oidor de versos cebolleros,

nada muy diferente: se miran con tímida languidez en
[un comienzo,

con desenfrenada avidez a poco andar,

profieren requiebros dignos de mejores causas

y el verbo hace florecer estrellas y cielos

de inusitados colores.

Nostalgean palabras esdrújulas

de rebuscados orígenes becquerianos,

colibríes, rosas, atardeceres, bocas,

besos, metafóricamente descritos.

Hasta aquí, nada diferente.

Pero hay un cuarto recóndito de ingenua caricia

atesoradamente guardada,

donde no ha entrado la polilla de lo reiterado,

donde permanecen nuevos

sentimientos desconocidos e inéditos,

como zapatitos de charol para baile,

sin estrenar, relucientes, esperando

por el *"dancing del love"*

¿me capta?

Cuando un roto con un descosido

entran en ese cuarto,

despliegan los hilos y las agujas mágicas

del amor que quedó guardado,

a pesar de las roturas y de los agujeros,

en el rincón de la pura esperanza confiada.

Entonces, sin aspavientos,

como corresponde a seres que no son de cuento,

entrelazan sus agujas

y se reparan.

Triste navío

A lo lejos eres

un navío triste

solitario y condenado

a la gira

golpeado por un mar tormentoso.

Ya no me toca tu sombra

de Caleuche inexistente,

ni barco ni barcarola.

(Maldito poeta hecho de lluvia

agotó toda metáfora marina).

Aun así, a lo lejos eres

un navío triste

que no puede alcanzar

mi puerto

ni mi marea.

Deja

Deja que me desborde como tormenta eléctrica,

el cielo nunca se ha caído a pedazos aunque así
[parezca.

Deja que sea como el mar que rompe en olas salvajes,

que arrastran las cosas inútiles de la orilla

para traer la riqueza de las profundidades.

Deja que muerda como un perro rabioso,

que corra como un niño ante un prado

nunca antes visto y corte sus flores.

Deja que me arrastre este río caudaloso

que no me ahogaré te lo prometo.

Déjame, porque las palabras no me bastan

y el cuerpo no me alcanza.

Photoshop

Así de pronto

sin más ni más:

vientre plano,

tetas bien paraditas

puestitas en su lugar

e incluso bastante más voluptuosas.

Sin bisturí, *gaaaaalla*,

sin láser, *gaaallo*, te morís,

labios gruesos, sensuales, mirada seductora,

shining lips, extra volumen de pestañas.

Así, sin más ni más,

sin láser ni bisturí.

Así de pronto,

ante tu mirada que me desnuda,

para acariciarme sin apuro,

así, por la magia de tu alma, arado

que labra la mía, dejando en el surco

la verdad de lo que somos,

así, de pronto, cuando tus manos me tocan

cuando me crezco en la sombra de tu abrazo,

mi cintura más pequeña, mis caderas más sensuales.

Me baña tu abrazo desnudo, entonces como de soslayo

me enfrento al espejo y lentamente y con maldad

verdadera, le saco la lengua.

Veinte cajas de amor y una bicicleta abandonada

Veinte cajas de amor y una bicicleta abandonada

es lo que va quedando a modo de recuento.

Puedo empacar las cosas más insólitas esta noche

empacar, por ejemplo, las palabras no dichas,

la sonrisa mezquinada y la risa forzada.

Envolver las horas vacías de tiempo,

las hojas en blanco rayadas por el silencio,

el dolor de quedarse por miedo a

que doliera más la partida.

Puedo envolver las cosas más absurdas esta noche:

vasos, ceniceros, libros, sueños, lugares,

creo que va todo lo que pusiste en la lista,

petición de cierre, solicitud de devolución.

Lástima que no se envuelven

las confianzas quebradas,

como no se embalan los barcos encallados

a los que golpean las olas de las tormentas.

Puedo empacar las cosas más absurdas esta noche…

A lo lejos alguien grita, a lo lejos,

y el verso cae al alma como al camión las cajas.

La voz del peoneta me recuerda

que no se fía cuando se fleta.

Eso es todo, a lo lejos alguien estira la mano con una
[boleta,

y es que es tan corto el amor y tan caro el envío,

aunque este sea el último costo que él me cause

y estas las últimas palabras que yo le escribo.

Este local se reserva el derecho de admisión

Después de la última trifulca

sepan ustedes que este boliche

que es pobre, pero decente

se reserva totalmente el derecho

de admitir o no a los mal llamados

amigos viejos, clientela antigua

amigos del dueño o como quiera se digan.

Antigüedad no constituye mando,

y la última vez que me encontré en desgracia

muchos de ellos, con sonrisas

y aspavientos de afecto

casi me hacen trizas todas las cosas de cristal,

empezando por las lealtades,

terminando por el rinconcito

donde guardaba mi ser

hecho a mano y con porcelana.

Patagona seré, pero no tengo

la piel bañada en grasa de lobo.

A punta de torpeza

y de ceguera elegida

rompieron mis más preciadas botellas:

corrió en mezcla viscosa de tierra y alcohol

todo el contenido del bar.

Años de trabajo, días de días,

destilando mis espirituosos

para brindarlos sin reparos

a quienes decían acompañarme

en el camino,

pero que ciegos de amor y de tino

entraron a tropezones

llevándose todo por delante o por detrás.

Si eso hicieron "sanos y buenos"

no quisiera tener que resistirlos

en la embriaguez de sus borracheras.

Desde hoy y para siempre

este boliche se reserva el derecho de admisión.

Velado

Podrán ser muy buenas

tus imágenes, querido,

pero, lo que es a mí,

me causaste una

muy mala impresión.

Tráeme una flor

Un día de estos, uno cualquiera

sin fecha de efeméride ni de aniversario,

tráeme una flor.

No un ramo aspaventoso de floristería,

no una caja de esas ecuatorianas elegantes.

Una flor, solita y simple, como el amor.

Una que cortes del antejardín de una viejita gruñona

para que traiga en el pistilo su grito increpante.

Una que me diga que aún eres un adolescente

enamorado de la vida que sueña con ojos abiertos y
[pelo revuelto.

Quiero una a la que la tierra del camino haya ajado sus
[pétalos,

sabré que está viva y que conoce lo que son los
[recuerdos.

Una que crezca al amparo de la puerta desvencijada

de los chiquitos barrios alumbrados por el olvido.

Tráeme el más cursi y manido de los regalos
[románticos:

una flor, pequeñita y temblorosa

un gesto repetido hasta el cansancio

y no por eso menos original.

Un diente de león me bastaría.

Un día de estos, esconde los prejuicios del
[razonamiento

y corta una flor, pequeña, débil, frágil, insignificante,

verás el milagro de la transformación.

Tú y yo no somos gran cosa

Tú y yo no somos gran cosa

¿sabes amor?

No me parece que los *paparazzi*

se vayan a agolpar

cuando tomemos el *vaporetto*

colectivo, por cierto,

para recorrer los canales de Venecia

no creo que ningún canal de Italia

ni del mundo dé un solo peso

por tener nuestra imagen

en sus pantallas,

además, y siendo sinceros,

no sé si tu sonrisa

se vería tan blanca

como la de Clooney,

enmarcada en una lente.

Me parece que no.

Tampoco creo

que por más espléndido vestido

que me pusiera

mi figura luciría

como la de esa chica

con nombre de torre musulmana

(apenas recuerdo el nombre

de algunos familiares,

no me pidan tanto).

Sí, ni tú ni yo

somos la gran cosa,

pero estoy segura

de que es el puente

el que va a suspirar

cuando le pasemos

por debajo,

la Torre Eiffel

se va a encoger

unos centímetros más

este invierno,

porque estará inclinada

para vernos pasar

tomados de la mano.

Tendremos los *flashes*

de todas las estrellas

del cielo de Verona

para colgar nuestros rostros

en la casa de Giulietta.

Después de todo, amor mío,

si una historia como la nuestra,

si un amor como el nuestro

no se puede escribir

con toda la cursilería del mundo

y te pido que seamos honestos,

entonces, ¿el de quién?

Las sonrisas blanqueadas

y los cuerpos plásticamente

modelados, no resisten

tanto lugar común

sin que se les salga la silicona

por la comisura de los labios.

Mariella Argüelles

Antes de ti

Antes de ti

yo no le temía

a la muerte.

Antes de ti

pensaba en irme

como de un teatro vacío.

Pensaba en algo discreto

algo un tanto solemne,

nada aspaventoso

algo más bien silente.

Antes de ti

creía que cerrar

la cortina para siempre

traería alivio y el eterno

descanso del que tanto hablan.

Ahora que tú estás

temo a los andenes cargados

de objetos contundentes,

a las calles llenas

de desquiciados conductores,

a los trenes, a las micros

ni hablar de los aviones.

Pero por sobre todo

temo a la envidia profunda

que de los amantes

tiene la muerte.

Cuando presiento

sus gélidas huellas

dejando marcas en el suelo

de nuestra casa,

te hago un guiño.

¡Sé mi cómplice, te lo suplico!,

disfracemos tanto amor

sólo con un poco

de distante indiferencia.

¡Quiero evitar sus celos!

No quiero que la muy perra

quiera separarnos,

repartiendo sus flores

y coronas de despecho.

Si te mueres

Si te mueres,

yo no voy a morir,

mi cielo,

y eso es acaso

lo que más temo.

No quiero vivir anclada

a un mundo que sólo

contenga recuerdos.

Apuñalada por la nostalgia

tendría que seguir viviendo,

dormiría con los ojos abiertos

para sentir la tibieza de tus manos

y la sutil dulzura de tu aliento.

No, no me moriría sin ti

y eso es sin duda alguna

a lo que más temo.

A la palabra

Blanco silencio

Desgarro de hoja en blanco silencio

dolor agujereado de palabras muertas

me duelen los días

la esperanza es una palabra incierta.

Se me cierran los sentidos

y no puedo oler la primavera

(a mi país ya no llega ni el invierno)

sólo cristales molidos,

pavimento levantado,

cuervos rondando

clandestinos cementerios.

Dime cuándo cantarás,

cuándo dejarás de ser palabra seca,

cuándo abrirás la boca

y tendrás alma y carne.

Tal vez entonces se termine

este doloroso destierro.

Desgarro de hoja en blanco silencio.

Parir versos

He nacido para parir versos

engendrados en la ternura

de mil noches maduras.

De pasiones tormentosas y lágrimas

quemantes de angustia.

Versos hinchados de vida

y putrefactos de tanta muerte,

que se agazapan en sus esquinas.

Versos musicales y mutilados

cobijados en el vientre

de una mujer fecunda

que se *plenifica*

al parir pedacitos de estrellas

pequeños y trémulos

como sonrisas de niño pobre.

Mujer que hace el amor

a deshora con la vida y la muerte

para parir versos de un mismo padre.

Hoja en blanco

Una hoja en blanco es sólo

la excusa perfecta

para el derrame de un verso

la pausa necesaria

para sentir el latido

de la vida.

Una hoja en blanco es

idéntica a tus labios

siempre una tentación

invitación eterna

a la ternura y la pasión.

Una hoja en blanco

es siempre el abismo necesario

para dar el salto

que separa la verdad

de la mentira

y que nos otorga el valor necesario

para mirarnos de frente

y llamarnos

por nuestro nombre.

Mariella Argüelles

A la palabra

Silabea buscando tu nombre,

golpea encontrando tu ritmo,

gime como parturienta

hasta ser escuchada.

Lucha, corroe, atormenta,

escarba en la carne

hunde tu lanza en lo blando

sacúdete de remilgos hipócritas

de epítetos castos asquéate.

Sacúdete de líneas en limpio

y llévame contigo a tu encuentro

de tierra y fuego

de vientre materno

y llanto marginal.

Que no haya nada puro ni bueno

que nos pueda separar.

Verso destilado

Mi verso sólo es aguardiente

destilado en alambique casero

dispuesto a hacer compañía

para apurar las penas

o celebrar la noche

haciendo más fiesta la fiesta.

Mi verso es aguardiente casero

dispuesto a llenar las copas

para brindar mientras nos quede

de las razones la más ardiente, la más querida:

la vida, la puta, hermosísima VIDA.

Para anclarse

Sólo para anclarse

uno suelta palabras

y gasta su tinta.

Anclarse digo, pero en realidad

es para elevarse en mejor vuelo,

para que un viento de cola

no te agarre mal parado

y te haga dibujar en el suelo,

usando de lápiz

nada menos que toda el alma

y gran parte del cuerpo.

Además, uno suelta palabras

porque es un gesto lindo, ¿vio?

Que te hace sentir vivo,

y les deja a otros vestigios

inconfundibles de tu estadía

en algún sitio.

¿Qué sé yo? Otros rayan moáis,

al fin y al cabo

no pueden causar tanto daño

un par de entrañables versos malos.

Búnker

En caso de terremoto, escriba

construya un dintel

de palabras ancladas

en la esperanza tozuda

de la supervivencia.

Si el remezón es grande,

tírese una paya,

un canto a lo humano y a lo divino,

silbe un tango, recuerde una retahíla

un refrán antiguo, saque del bolsillo

algún juego de palabras

que lo haga reír.

¿Cómo no va a tener

un par de metáforas gastadas

que igual resisten embates cuando todo colapse?

Si se viene por segunda vez

un más grande y fuerte sacudón

corra a perderse

sin vergüenza y con convicción.

Una cosa es ser poeta

otra muy distinta...

usted ya sabe.

Soy

Soy sólo una pausa del silencio,

apenas el conjuro distante

que convoca la esperanza

para hacerla salir

vestida en harapos,

pero viva y joven desde su tumba añosa.

No tengo nuevas pretensiones,

no ofrezco luces ni escenarios,

no vendo novedades desgastadas

de tanto usarse para promociones.

Mi cuerpo es ya legendario

hecho de material duro

es retazo de mitos y sueños

es sangre y carne de pueblos

cansados de atesorar el dolor

de sus gentes

amasado con la danza y alegría

de niño pequeño

que reposa en un vientre.

Soy esto y nada más,

apenas el conjuro distante

que convoca

la esperanza

para devolverla

desde su tumba añosa.

A mi editor

Me pediste mi palabra

y yo te la empeñé,

porque necesitaba circulante.

Bien sabes que un país

colapsa sin circulante,

bueno en la vida

pasa lo mismo.

Por eso empeñé mi palabra

eso te convierte en una suerte

de Tía Rica de los versos.

¡Cuídamelos!

La mayoría son adjetivos

gastados, no lo niego,

pero son la gran herencia de la familia.

Eso sí, aquí no hay nada de fantasía

todo es legítimo, aunque no tengo

cómo certificarlo.

Me creíste, te creí

de eso se trata cuando

se empeña la palabra, ¿o no?

Y hábilmente te las arreglaste

para acorralarme:

me hablaste de páginas,

tapas duras y solapas.

¡Oh, despiadado editor!,

para obligarme a encontrar el tono

para exigirme que sacara la voz.

Y acá estoy, sentada a la sombra,

al sol, de pie o arrodillada,

hurgando, aguardando, acechando

a las más brillantes, las más oscuras,

las más juguetonas, pero por sobre todo

a las más rotundas,

porque las tengo empeñadas,

porque te las voy a entregar,

porque se necesita circulante

para metabolizar la vida.

Encendiendo una metáfora

¿Me convida fuego, por favor?

Estoy encendiendo una metáfora.

¿Con mucho hielo?

Sí, me viene bien

no quiero que se caliente la metonimia.

Agitada y no revuelta

la comparación, por favor.

No, una más, no.

No quiero que se me suba

a la cabeza la ironía.

Algún día deberé pensar,

seriamente, si acaso

no será mejor usar

mi propio escritorio

y no una mesa en

La Destilería[1].

---

[1] La Destilería es un famoso bar en la Plaza Ñuñoa de Santiago.

Los sitios en que se ama la vida

Patagonia

Pinceladas de dioses

en lienzo infinito.

Dorada la tierra

ancha y sin límites.

El cielo cercano

recuerda el origen

y el mar acompaña

la luna celeste

la nube terrestre.

Infinita inmensidad,

presencia de dioses

que pintan un lienzo.

Mariella Argüelles

Al Estrecho de Magallanes

Quiero verte de nuevo

manso y quieto

como hombre dormido.

Mirarte y remirarte

llenándome los ojos

y el alma

de tu sur sin olas bravas.

Tengo nostalgia

de rincones

y esquinas cotidianas.

Dolor tengo de calle dormida

y saludo franco.

Ausencia de vida,

un cuerpo adolorido.

Tengo, apenas

lo que va quedando.

Grieta I

Es la grieta profunda

la que canta

canción quedita

susurro de lágrima

dulce soneto

que cae desde lo alto

hasta la entraña

azul que escudriña

el abismo eterno

de lo perecedero.

Es la grieta

corazón de azúcar

con vocación de sal

la que canta

azul nostalgia,

azul esperanza,

azul sueño,

azul canción,

beso enamorado

de la Tierra

y el Cielo.

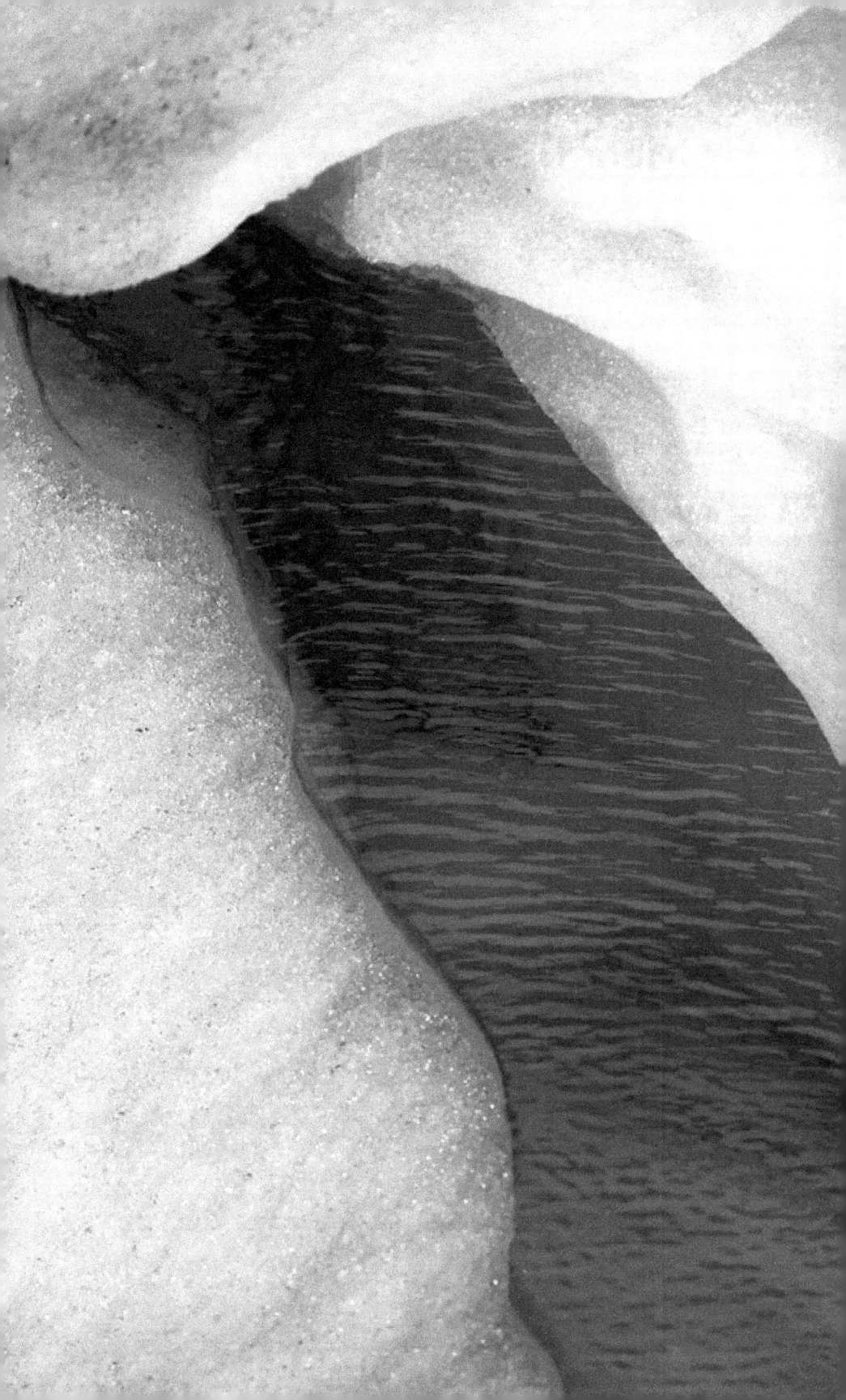

Grieta II

Vestida de grieta

se enarbola la canción

profunda y azul desde el desgarro

canta el corazón del cielo

al desprenderse:

Nada es eterno.

¿Nada es eterno?

¡Nada es eterno!

Hasta lo imperecedero

se transmuta

para en el no ser

seguir siendo.

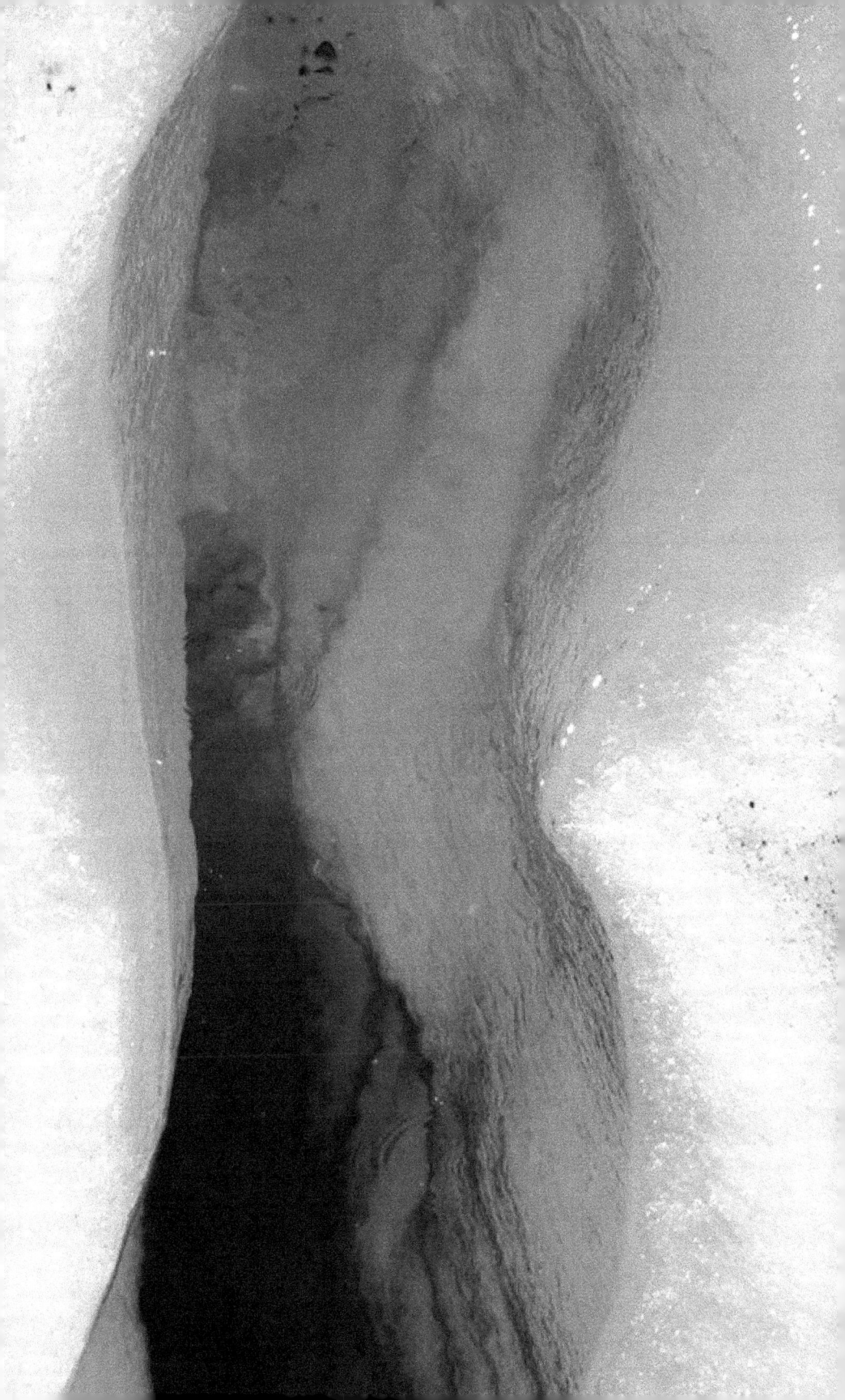

Mariella Argüelles

Origen

Antes del glaciar y del coirón

antes del cóndor y de la nieve

mi nombre ya estaba inscrito

en el corazón del viento,

su fuerza ululante gritaba

mi vocación de *caiquén*

para convocar mi origen.

Antes de antes

ya estaba inserta

en el suelo profundo,

en la raíz del hielo.

Reencuentro

Kilómetros de estepa,

silencio ensordecedor,

agreste presencia

de inmensidad.

Kilómetros de infinito,

lengua anudada

y pecho poblado de origen,

de raíz ancestral y canto envolvente.

Kilómetros de kilómetros

para reencontrarte

para besarte con los ojos

y abrazarte con el alma

temblando, como la primera vez.

Te veo en la distancia y apuro el paso,

el corazón, tropilla de guanacos

perseguidos en la pampa.

Me sonríes y me tiendes

tus azules brazos viejos,

te sonrío y me entrego

en el cálido encuentro

de tu ser eternamente gélido.

Por preguntar

¿Qué vestigio del Paraíso es

el que vino a parar a

este recóndito lugar bendito?

¿Qué palabras pronunciaba

el hacedor de sitios impensables

cuando soñaba coirón y sembraba ventosas soledades?

¿Cómo se estremecía hasta la sombra de su alma

cuando descolgaba glaciares cantaores de lo eterno,

constructores de azules subterráneos?

¿Cómo se habrá paralizado su aliento

cuando oyó por primera vez

cómo ruge el viento que se despeña

por la Patagonia, cantando

el nombre de los secretos en sagrados acentos?

América

América, mujer morena,

la de los grandes pechos fecundos

América, mujer morena,

¿ramera entregada a la mejor oferta

o doncella ultrajada en su inocencia?

América, cristal molido

colocado bajo la carne

que no mata, pero amarga la sonrisa

y vuelve ácida la harina

con que se amasa la esperanza.

Eres de esos amores que arrastran

a desgracia trágica,

pero eres amor al fin y al cabo

en esta hora que amores faltan.

Por eso no queda otra que quererte

no queda otra que quedarse

y amarte con la certeza de lo incierto

con la total claridad de lo ambiguo

con la sonrisa salina en los labios.

América, mujer morena,

ramera restituida

por la luz de una doncella

ultrajada en su inocencia.

A Guatemala

Guatemala, desde la distancia te quise

en el encuentro te amé

y al hacerme el amor de mil modos distintos

en el orgasmo de colores, aromas, sabores y sonidos,

me convertiste en una nueva mujer,

me hiciste olvidar mi nombre y mi procedencia

para regresarme al origen de mi raíz ancestral

para que naciera

como mujer de tierra,

mujer de maíz,

como los primeros hermanos

que iniciaron el camino de la humanidad.

Atitlán, en tus aguas

sumergí el alma

para que me la devolvieras

sincera y amplia como la sonrisa de tu pueblo.

En Panajachel camina Manuela

con el azul intenso de Santa Catarina.

Camina Petrona con el rojo de Sololá.

Transita Felipe, platica Tomás.

Camina Teresa, camina María.

Camina toda la dulzura y la fuerza de una raza

que en la grandeza de sus ojos

anida al Universo en su profundidad.

Pom, pom, pom,

pom, pom, pom,

es aroma y sonido,

es danza y grito,

es copal y cruz,

es dios y diosa,

dioses y santos,

presencia de todo lo sagrado.

En Chichicastenango, fui incienso y tierra

me hice música y alimento

fui una con el Uno y toda con todos.

Subí las gradas del templo de la intimidad

para mirar desde allí

para estrechar, para besar

para ser yo desde la profundidad

para no ser, sino todos y poderme derramar.

Pom, pom, pom,

en tu fuego, Chichi

yo fui copal.

Antigua joya de plata

eres toda belleza

con tus sonidos que evocan marimba

con tu olor a madera

eres hermosura de reloj detenido,

el hechizo y la magia de un tiempo

que olvidó despertar.

Por callejuelas estrechas me encontré con rincones

con sabor de infancia, recuerdos, nostalgias

y felicidad.

Xela toda es franca y hermosa

tal vez porque guarda el rostro de María Teresa.

Subí el sendero de lo auténtico,

subí el sendero de la paz.

Verde regado, casas desprendiéndose

cerro abajo,

el trabajo cotidiano.

Cerro arriba

sembrando el maíz.

Cerro abajo

la pila compartida.

Cerro arriba,

estar simplemente estar,

abriendo pulmón para respirar,

abriendo sentidos

para vivir.

Frente a un calvario de mazapán

una diosa blanca

de ojos profundos

rodeada de palomas infantiles

no repartía migajas, sino el embrujo

poderoso de su hechizo.

Se estremece la selva.

Es el jaguar en su secreto saludo de cómplices.

Es el mono en su rugido.

La selva es una caja de música.

Es el son que se escapa

desde la garganta de los pájaros.

En el principio fue la piedra.

Piedra contra piedra

piedra fundadora, piedra eterna.

Estremecida subí tus escaleras sagradas,

mil veces subiría convidándote mi sudor

para que mis secreciones se reunieran

con todos los fluidos que aún empapan tus paredes.

Desde mis vísceras, mi carne y mis tendones

me apegué a la roca eterna,

entonces la sangre de los sacrificios

se me entró por las venas.

Escoltada por guerreros enviados

entré en la magia de tu suelo

y me hice de maíz y de tierra

resina, animal, humedad

de selva toda,

me hiciste, hermana, maya.

Tikal, te besé estremecida

y en ti abracé el grandioso misterio de tu pueblo.

Los dioses de todos los tiempos

te guarden por siempre.

Verdor espeso

sonrisa ancha,

mirada de pozo

piel morena y blanca

vasija sagrada de la memoria maya,

hoy también me duele y traspasa tu dolor.

El dolor con nombre de injusticia,

con sabor a rabia contenida.

Dolor que se llama

no escuela, no ropa, no tierra

que se llama espera de amigos

a quienes robaron la otra parte del camino.

Pero tú estás preñada de riquezas

y tus dolores han de ser

los de una mujer parturienta

para parir y entregar una vida nueva.

No deseo para ti el progreso de jaguar latinoamericano.

Deseo que tengas la conciencia

y actúes como el jaguar ancestral

que oculto en la mirada del pueblo

todavía te ronda.

Que el maíz que se trepa hasta la cumbre de tus montes

baje como río de granos

y todas las manos amasen tortillas

y en todas las bocas se endulce la sonrisa.

Que esta tierra ilumine a sus hermanas

con el color de sus trajes

la musicalidad de sus lenguas

y todo el misterio de su magia.

Guatemala, te quise en la distancia,

en el encuentro te amé.

Y ahora me envías preñada de estrellas y marimbas,

de olores y sabores,

de toda la sensualidad de tu tierra,

de la dulzura de tu gente,

del amor de viejos amantes

que se quieren

con grandeza

y con su miseria.

Grappa en la despedida

Partir es alejarse

de las calles atestadas

de enmascarados con capa,

vestidos de nosotros mismos,

en las manos los tulipanes

del amor.

Envueltos en la niebla

tomar un barco

para adentrarnos en las aguas

solos, sin recuerdos,

sin nada en la nada

sólo el ser sin tiempo ni prisa.

Grappa en la despedida

de un puerto fantasmagórico,

para nunca decir adiós.

Volviendo al centro

Vuelvo a tu abrazo verde, Guatemala,

que me ensancha el alma y las manos

las caderas y el espíritu

los ojos y la boca

para besarte con ardor

y ternura de amante.

Y tú me recibes, dulce y jugosa

como piña madura

y el hechizo de tu abrazo

me regresa al origen

para ensancharme la tribu

y engrandecer la pertenencia.

¡Qué verde, verde

te acercas y me abrazas!

¡Qué verde, verde

como el encuentro del Cielo y la Tierra!

Verde, verde y rojas tus entrañas

como pecho de quetzal.

Acuosa y pura te derramas,

Guatemala,

como lágrima de un dios

para dar vida a toda la Tierra.

A la caña de azúcar

De las flores de Centroamérica

la más hermosa es la de la caña

porque guarda en sus entrañas

la dulzura y el calor de esta tierra mágica.

Es lágrima telúrica

que se derrama en

las mesas compartidas.

Es la flor que bebo

de la copa de los hermanos-amigos

la que hace más pequeña la pena

y profunda y espesa la alegría.

¡Oh, cola de zorro,

pluma con raíces,

alzo mi copa

para brindar por ti

y que se oigan

las mil marimbas

que convoca

tu descorche!

Chiloé, agüita para el alma

El mar cansado de su viaje de olas y vaivenes

se viene a descansar a Chiloé

aquí se disfraza de lago

para terminar con su ser de espuma

más al sur, donde recuperada la energía

se convierte en el cabo infernal

al que los marineros temen

como a la silente cercanía de la muerte.

Se siente tibieza, abrazada por sus bosques

frente al mar cercano que se abre salado

para recibir la dulzura de la lluvia.

Chiloé es agüita de llantén, *quitapena* y manzanilla

llueve mucho, mucho como

para lavar las penas y aliviar el alma

llueve para llevarse lo malo.

La lluvia llega acá

inmensa y poderosa

como rocío generoso

o lágrimas de dicha

derramada por ángeles bondadosos.

El invierno se entibia

acompañado por las sopaipillas

sin zapallo ni chancaca

sopaipillas sureñas

las de verdad, las como Dios manda,

la magia del pan hecho manjar.

La lluvia tambor

marca un ritmo dichoso

para que los duendes

te tomen el alma

y te enseñen su danza mágica.

Montegrande

Vida colgando de las laderas

de las altas y firmes montañas

ganándole terreno a la aridez.

Corazón de madre

que de miseria

genera abundancia.

Tierra en seco amarillo

sol quemante en paredes firmes

con vocación de cielo.

Tierra en fecundo verde,

en frutos maduros vertidos,

trocados en agua espesa y alegre

convocadora del canto y la dicha.

Conjunción mágica

de la vida y la muerte

susurro y silencio.

Sol, sol, penetrando

a una tierra de pechos desnudos

y cabellera suelta,

seductora en la fecundidad

de vida que puebla

los más desolados espacios.

La sombra plantada por Eiffel

¿Qué se siente vivir

bajo la sombra metálica

plantada por Eiffel?

¿Cómo se despierta

de la niebla de ensueños,

puentes, río y café?

Dime, ¿lavas tus ojos en el Sena

o lloras a raudales para contemplar

tanta belleza extrema?

Mas, ¡oh, parisino!

no envidio tu suerte

de montes con corazones sagrados,

tus días de estrellas puestas en la Tierra

los brillos y destellos dorados

de puertas y dinteles.

No lloro de celos por tus calles perfectas,

tus vitrinas plenas de dulces bellezas

tan macarrones, tan *marron glacé.*

No me invade la falsa nostalgia

de jardines dibujados por impresionistas

ni de paseos románticos por los *Champs-Élysées.*

No, parisino, no lloro de envidia

lloro, porque es grande la pena de ser

pobre y feo en *Paris*

y es aún mayor el dolor

de la nostalgia de existir

fuera de su regazo gris.

Cardeo

Yo conocí el Cardeo,

Asturias me abrió sus brazos

una lluviosa mañana de invierno.

Dos cuadras, hórreos y cerros,

madreñas en las puertas,

vacas, leña y el verde abrazándote.

Detrás de sus casas a los cerros aferradas,

pude ver a mi abuelo,

magro como lo recordaba,

joven como nunca lo había visto,

serio, silente, no abrió la boca

cuando nos cruzamos.

Las palabras son rendijas

por las que se cuela la emoción,

tal vez callaba una tristeza infinita

o acaso un gigante temor:

en el bolsillo el nombre

de un pueblo ajeno

en un país lejano.

Pude verlo llorar,

años más tarde

oculto entre jotas

y fandangos

con la nostalgia arrugada

como *ticket* de regreso

deshecho entre las manos.

Lo miré detenidamente,

no nos parecemos pensé

acaso sí, en la mirada

distante y en el arte

para convertir pañuelos

en castañuelas

para secar la tristeza.

Yo conocí el Cardeo

y Asturias verde

me abrazó húmeda y fría

y en sus calles pude ver

a gente que no siendo

era un poco mía.

Desvaríos

Jirón del tiempo

Hueso jirón del tiempo

carne abierta *ad eternum*.

Jirones de piel y sueños.

Grillos gritones girando.

Soles sin rayos ni truenos.

Escombros de luces descompuestas.

Cariño dormido en la espera.

Durazno sangrante podrido.

Hay un niño ciego

que contempla sus vísceras

y un viejo escupiendo de asco.

Hay un cielo que sólo acepta a los buenos,

un llanto que aprieta como mano crispada

la garganta de una paloma

de cuyos huevos salen culebras

que nos acechan día a día.

Si tan sólo tuviera puñales

en lugar de manos blancas

tal vez entonces pudiera.

Mariella Argüelles

Me asomé dentro de la caja

Me asomé dentro de la caja

para ver un rostro repetido

mil veces en vidrieras y espejos,

pero no supo decirme nada.

Nada me respondió de los días

que presurosos parten

tras los raudales calientes

de sol y frutos jugosos.

Nada dijo del otoño,

ni del frío que entumece

las entrañas y las caricias.

Me asomé dentro de ese

estuche en que con dolor

o compungido deber

colocamos lo que

un día fue valioso en nuestro andar.

Me sonreí tímida y tristemente,

y me acordé de lo solos

que se quedan los vivos

en el vaivén desenfrenado

de la vida sin muerte

sin ese muro de lo finito

que la contiene

y la regresa resignificada

en la urgencia del hoy.

¡Qué solos se quedan los vivos!

Cuando al fondo de la caja

tapan el espejo

como se tapa

el sol con un dedo.

Soñemos

Soñemos un campo de trigo

un sol que se apaga,

si prefieres un campo vacío

un sol encendido

un niño llorando

una luna sangrando estrellas

una noche tibia

en que tu abrazo pese sobre mi cuerpo

lo que puede pesar un universo.

Distancia, cercanía, pertenencia, desgarro

¡lo que quieras!

Pero ante todo, por sobre todo,

encima de todos, contra todos,

soñemos, compañero,

que el fuego del sueño

consume mis versos

que el fuego del sueño mantiene

a los soles, los ríos y los montes

mantiene al cosmos

y nos hace soñar

que aún estamos vivos.

Adolezco

Hoy adolezco

de parques y cementerios

de paseos y piernas

adolezco

de manos, ojos y huesos,

de atardeceres grises

y mañanas rosas.

¡Me sobra cuerpo,

se me descuelga el alma!

De miradas y manos amigas

de distancias y recuerdos, adolezco.

Me duele el olor a la hierba

el sonido de las palabras

y la insinuación de mis pensamientos.

No baja el sol

No baja el sol no baja

Póngale atajo a esta fiebre,

a los días de fatiga infructuosa

a la pena de trigales quemados.

Habiendo tanto verde incipiente

en las raíces de la paja asoleada.

Es el llanto del agua fresca olvidada:

¡No baja el sol, no baja!

Habiendo tanto aire nuevo y frío

escrutando cristales vacíos

tanta madura plenitud esperando,

tanta tierra ansiosa

de acoger el llanto inocente.

¡Vamos, póngale atajo!

Que no baja el sol, no baja.

Mariella Argüelles

El tiempo

Las horas que el reloj deja caer

y el calendario que gotea estaciones

me recuerdan que sólo soy tiempo

que se derrama en un espacio.

Hojas

Las hojas no envejecen

maduran, ha de saber,

para nevar otoño

sobre las ciudades grises,

poblando de sol

el cemento, apenas frío.

Cantando el origen

Me siento al cantar lo mío

volviendo a mi origen

territorio limítrofe de lo desconocido.

Me siento otra vez carne en mis huesos

y tendones y risa y llanto y vuelo.

Nocturno silencio y grito desgarrado.

Aliento y todo y nada

Universo y polvo,

pero yo

con mis sueños al mando

dirigiendo el timón

para no perder el agua ni el viento

para no perder la barca ni el rumbo.

Para no perderlo todo

de nuevo me entrego a la nada

dura y consistente de

mis sueños quiméricos.

La vida

La vida es sólo la otra cara de la muerte,

la vida es un orgasmo

que a veces no llega a tiempo

es silencio en la garganta

y la angustia buscando el nido de tu cuello.

A veces un pie forzado

que cansa, hastía, endemonia

y gime por una pausa.

La vida es una cabrona

capaz de hacernos sentir

la identidad entre

amor, odio y esperanza.

A Mimi

En la tierra del agua

hay una mujer pequeña

que con manos de mar y madera

ha amasado la vida

cobijándola y defendiendo sus esquinas.

Tuvo nueve estrellas y una espina

nueve cascabeles y un dolor.

Hoy tiene la mirada larga

y la esperanza molida

como polvo de trigo

para amasarla y repartirla

cada vez que sopla fuerte

el viento del Sur.

De trenes, viajes y otras partidas

I

Tomé el último tren y quedaste en el andén, parado

no quise asomarme a la ventanilla:

tuve miedo, a que no me dijeras adiós con la mano

tuve miedo, a que no se agitara un pañuelo blanco.

A la mirada perdida en el infinito sin toparse con la
[mía

tuve miedo, todavía y también, a que el silbido sonara

estrepitosamente a rotunda despedida.

II

¡Ay los barcos!

Esas grandes cunas oceánicas

en su eterno vaivén

del voy, voy, vengo, voy

vienes, vas, vas, vienes, te vas

con su rumor eterno de caracola.

¡Ay los barcos!

¡Cómo alegran, cuando llegan!

¡Cómo entristecen, cuando se van!

III

¿Por qué será que las estaciones vacías están tan llenas?

IV

Los zapatos son los grandes expedicionarios.

La tierra en los zapatos huele a gloria aventurera.

Cómo se hunden en sueños de recorridos

de caminos de otros tiempos,

de cordones gastados y tacones ausentes.

Los zapatos, los benditos zapatos,

con su media suela desgastada de tanto uso

fueron los que nos llevaron tan lejos

tan a orillas distantes y distintas.

Los quiero, pero se lo merecen,

¡no los dejo salir más del clóset!

Adiós, Nonino

¿Qué sabes tú lo que son las despedidas?

Avanzar a ritmo de velero

con el sol anclado a la puerta

de una casa y un mar completo

resbalando de tus ojos, eso sí es partir.

De espalda a los montes, por no mirar

el verde de los cipreses y llorar a cántaros

invadido por la nostalgia, aun antes de zarpar.

En el bolsillo una dirección de nombre incomprensible

que se funde en un puño tan apretado como el corazón

que se arruga en los pliegues de la camisa.

Mirar los cielos, pretendiendo que todos son iguales

hasta que el olor de la lluvia, asomada desde otra
                                        [ribera,

te aguijonea las comisuras del alma y el borde de las
                                        [pupilas,

¡eso, eso sí que es partir!

La sal, abismo sin fin del mar, afilado cuchillo

que abre la carne justo en el centro de la distancia

a veces se cuela entre los dientes y amarga el pan y la
[risa.

¿Sabes acaso lo que es cantar en fraseos para otros
[indescifrables,

en los que al son del ritmo queda oculto que hay otro
[mar, otra orilla

y el sitio lejano donde quedó anclado el amor?

No tienes idea, ¿verdad?

Entonces, no llores, ahora, por favor,

te lo pido como impenitente mendicante.

¡No llores!, déjame partir tranquilo.

¿No ves que esta no es despedida,

sino apenas el comienzo de un regreso?

¿No entiendes que vuelvo a mi cielo

y a mis montes dentro de este rígido velero?

No llores, déjame sentir de nuevo,

la tibieza del sol que se quedó tras la desvencijada
[puerta del ayer.

Déjame partir para al fin abrazar al niño triste,

a quien nunca pude consolar.

Otoñal I

Dolor de calle mojada

carteles mohosos

palomas y niños pordioseros

ahogados de otoño.

El cielo llora a gritos.

Una carroza

sale a recorrer las calles,

la muerte siempre transita

por la vida.

Y el cielo sigue llorando.

Una *micro* atestada de techos

ambulantes que gotean secreciones.

En las casas, parafina pegada en el alma

y en los cristales fríos

narices infantiles

anhelantes de tierra seca.

Árboles vejados en su cruda desnudez

acompañan plañideros

a un cielo ahogado en llanto.

Otoñal II

Es día de musgo y lluvia fina

día lento de hojas amarillas

día de tristeza sabor melancolía.

Día húmedo presagio de invierno.

Gorriones sin canto,

árboles sin hojas,

leña sin fuego,

alma sin abrigo.

Sólo musgo

creciendo callado,

sólo lluvia

aguardando cristales.

Hoja sola

esperando vientos

otoñales.

Anticristísimo

Cuídate de la furia de Yahvé,

Pueblo elegido,

cuídate de su furia,

porque ya ve y entonces

vas a ver tú también.

Aún no se apaga el fuego

del sacrificio inútil de inocentes,

aún nos ensordece el llanto

que insulta a Dios

y nos hace renegar de ser

hombres y mujeres de bien.

Cuídate de la furia de Yahvé,

Pueblo de Dios, porque…

Oh, no, ya vienen

de nuevo los *pacos*

habré de subir mis faldas

acomodar mi pañuelo

y empujar mi carro

mascullaré las palabras

que muelo y revuelvo

desde hace años

para camuflar mi real mesianismo:

Amiguísimos, yo el anticristo

empujo mi carrísimo, reptando

por todas las islas, por todos los istmos,

por los siglos de los siglos superlativísimos.

¡No, no me encierren, no!

Por favor, dejen que use

mi falda libérrima

que me arranca grilletes

en un país de ciegos machísimos.

He de susurrar bajísimo

calladísimo, quietísimo, las verdades

sincerísimas, de mi perfectísima iluminación.

¡Cuídate de la furia de Yahvé!

porque como su nombre lo indica, ve

¿o no ve que ve?

Cuídate, pueblo bendito,

porque al elegir como amo al dinero

nos has hecho dar vueltas

por el más árido y extremo de los desiertos

cuarenta mil veces cuarenta años.

Cuídate, porque de nada

sirvió la sangre por tu

salvación derramada,

de nada el rechinar de dientes,

desde el fondo de la tierra

de tus propios hijos clamando

piedad al Altísimo.

De nada te sirvió

y ahora eres tú quien derrama

sangre de inocentes

a ver si con eso borras

años, siglos, milenios de culpa.

Cuídate de la furia terrible

y poderosa como mil ejércitos

del omnipotente creador

porque una franja de gasa

no cubre la herida

ni para la furia hemorrágica.

En todo caso, yo cargo con un *parche curita*,

aquí en mi carrísimo, por si hiciere menester.

¡Dios nos libre, cuando llegue el gran día

y se nos venga el Armagedón!

Se los digo yo, mientras desaparezco

por las calles, empujando mi desconsuelo.

Pude oír

Anoche pude oír

la voz de los muertos

rezando a tarea

mil padrenuestros.

Rezaban con voz de llorona

contratada para velorios ajenos.

Anoche oí la voz de muertos

distantes y ajenos a mí,

penando en el alma

de vivos a los que no conocí.

Clamaban en el corazón

de los condenados

a quedarse en esta Tierra,

cargando dolidos

el peso insufrible

de tantas ausencias.

La gruta

Ven hasta mí

como a una gruta del placer.

Solázate en mis grandes pechos

de material moderno,

déjame bidones plásticos

llenos de monedas,

quiero ver si mañana

se convierten en agua

cuando mis tetas siliconadas

cuelguen más abajo

de mi cintura.

Quiero ver si el plástico

me convierte en una nueva

y grandiosa Difunta Correa,

quiero ver si la silicona

se convierte en alimento

y me hace capaz,

aunque sea por un instante,

de darte de mamar.

Noticias

Hoy es el día del *chacarero*:

buen churrasco, acompañado

de noble tomate y dignos porotos verdes.

Me enteré porque puse la tele,

tempranito, para estar informada.

Ayer supe que la merluza está en veda.

Reemplácela por carne, para no malograr el recurso,

dijo la sonriente periodista en la pantalla,

desconocedora de la diferencia no sólo entre merluza y
                                    [carne, sino

entre $ 1.220 y $ 8.990.

De eso me enteré, lo dieron en la tele,

como la técnica para descongelar carne.

Siete de la mañana y un plato inundado en sangre

con un trozo de carne flotando en medio

del abandono, entonces, me distraigo:

¿Será verdad que en Gaza ya no caen gotas rojas?

Me distraigo, perdónenme, señores periodistas,

me distraigo con el abandono de carne mutilada

en medio de un charco sangriento.

Me reencuentro con la imagen de la mujer

que conocí anoche, en sueños

que es lo mismo o mejor que decir que conozco en
                                        [persona.

Vino hasta mí, pálida, sosteniendo el retrato

de tres jovencitos, serios

de túnicas sucias y metralletas ya muy viejas.

Me maté, me dijo, cuando no volvieron,

me maté, porque es lo que se puede elegir,

cuando no te dejan nada y no hay nada sobre qué
                                        [decidir.

Me maté, porque es más digno que esperar

a que los escombros te sepulten viva,

a que el odio te arranque de a poco el alma,

te rasgue el cuerpo y te incendien los recuerdos.

Me maté, cuando no volvieron

porque eran lo único que elegía a diario.

Me maté para que mi alma pudiera vagar

investida de dignidad en la mente de los que

se distraen de las importantes efemérides y *records*

de empanadas gigantes y *chacareros* familiares.

Aquí sigue lloviendo rojo,

no hay sonido de fondo ni de fonda que apague

el gemido profundo de tanta carne mutilada

abandonada en el medio de la nada,

descongelando sangre que se agolpa

para rehogarla en el llanto de los santos inocentes

que siempre terminan pagando los platos rotos

para que los Pilatos de siempre,

los eternos Pilatos se sequen las manos

con las toallas de Herodes.

Mariella Argüelles

A mi padre le gustaba mirar el barómetro

A mi padre le gustaba mirar el barómetro.

Le gustaba tanto comprobar

que la naturaleza siempre se impone

a los instrumentos de precisión.

Sólo por el placer de confirmar que el cerro no fallaba.

Mañana va a llover, decía

el Sarmiento está despejadísimo

si se ve clarito, hasta la última punta.

Mira, bajó la presión atmosférica,

sólo eso decía, pero yo adivinaba una sonrisa

en la que dejaba entrever que era el Sarmiento

el que desencadenaba esa serie de fenómenos y no al
                                                    [revés.

¡Vaya uno a saber!

De mi padre aprendí que las montañas

son poderosas y mueven la fe

y no al revés, como algunos nos han querido hacer
[creer.

Me enseñó la diferencia entre *caiquenes* y *bandurrias*,

y me dijo que el *caiquén* sólo se empareja una vez

y que muere de soledad si a la hembra se la lleva la
[muerte.

¡Vaya uno a saber!

De mi padre aprendí cuál es el brillo

que hay en la mirada cuando se mira al que se ama

y que se muere cuando no se ama.

Y no al revés, como algunos quieren creer.

Aprendí que sólo un hombre es capaz de bajar la luna

y hacer llover estrellas con el fuego en una rama de
[*lenga*.

Me enseñó a reír, reír de gusto y no de gracia,

reír por el simple placer de estar juntos.

Y lo más importante, me enseñó a hacer reír

y a ser capaz de contarme un mal chiste

en un pésimo momento para poder seguir adelante.

A pararme con orgullo por ser lo que soy,

a callar, no porque no se sepa qué decir,

sino porque él sabía muy bien cómo distinguir

cuando hablar está de más.

A ser honesta en el afecto y desafectada en el cariño.

Gracias a él entendí que no se habla en pasado

de quien te convoca a la vida,

y que aunque pasen siglos de noches

y mil sombras con ausencias de muerte

nunca se deja de ser la hija de un hombre

que te enseña a torear la vida.

Intercede por nos

Ya no recuerdo mi nombre,

debe ser el olor de las flores

o el humo de las velas

que el viento empuja

hacia el hueco donde

antes estaban mis pulmones.

No recuerdo cómo se llaman

los que de verdad lloran por mí,

ahogan su recuerdo las lágrimas

de los que de verdad lloran por ellos.

Soy sólo un muerto, ¡por Dios!

¿Hasta cuándo se convencen?

Dejen que me muera, por favor,

solo y tranquilo en el recuerdo

de los que de verdad me quisieron.

No me dejen peluches, soy alérgico,

manteles ni flores de plástico,

ahórrense el pañito a croché

a decir verdad nunca fui muy

amante de las manualidades.

Pero volviendo a lo nuestro,

¡no intercedo por nadie y

no piensen que hago milagros!

¿Quién tuvo la genial idea

de pensar que uno se achica

tanto como para caber

en esta casuchita?

Por favor, suéltenme la cadena

yo no los conocí,

y ustedes no dejan

que me acuerde de mis vivos

ni que me muera

bien muerto.

Mariella Argüelles

Crema de otoño

¿Cómo haces para que entre

en un plato todo el otoño?

¿Cómo se coloca ese sol

apenas tibio que da alivio

a las ramas y flores

agotadas de tanto verano?

Tomaste el fruto de los árboles,

arrancaste esos dulces *porcinis*,

de su sueño seco para devolverles la vida.

Algo mágico hiciste con tus manos

y pusiste frente a mí el crepitar amarillo

de las hojas de un parque, el suéter,

compañero cálido de caminatas y atardeceres,

peras frescas y jugosas,

el sabor terroso del otoño,

todo el sol se posa en mi boca:

¡Bendita crema de castañas

tu sabor de tierra dulce, es materno rincón café,

cajita de madera, regalo de árbol,

me cobijas y abrigas al tiempo

que despiertas los sentidos!

Tú, has abierto su corteza

y la has hecho cantar para mí

trayendo en el plato al viento

que silba canciones

que anticipan invierno,

me has hecho saber que es posible

comer el paraíso.

Estallan los burdeos y amarillos,

los zapatos por senderos de hojarasca,

el dulzor cremoso de su cuerpo me recorre

y una vez más estás tú, regalándome el cielo.

Ancestral

¿Cuál sería el nombre del *luchero*

que te puso en mi mesa?

¿Cuántas las historias

que cruzaban su mente

mientras te tomaba

entre sus manos

curtidas, de sol, sal y viento?

Chiloé se sienta a comer conmigo

y en el vaivén de su alga poderosa

me llegan sus costas mansas

adormecidas y el bravo

despertar de sus olas.

Acerco la cuchara

que rebosa espesa

de negro salobre océano,

de blanco fruto de la tierra,

de las hijas marinas de la Pincoya,

que se aferran a las piedras

antes de entregar el festín

jugoso de sus carnes.

Acerco mis labios a tus orillas

tierra de brujos, cierro los ojos

para recibir tu hechizo

hecho plato que se comparte,

paladeo el luche y siento

la mirada de tu gente.

Gota a gota se entremezclan

con mi cuerpo sus historias,

sus llantos guardados,

sus risas fuertes, sus voces,

melódicos valses que cruzan

de isla en isla.

¡Magnífica, espléndida,

divina, humana y humilde

cazuela de luche!

Deja que escudriñe en tu plato

para adentrarme navegando

en el mítico Caleuche,

deja que conozca

los sueños de tu gente,

deja que tus brujos,

y tu océano todo

por cada gota de mi sangre

con brava serenidad

me naveguen.

Mariella Argüelles

No he de morir solo

No me dejes morir solo

te lo suplico,

no dejes que a mi piel erosionada

a mis ojos secos y sin brillo

se sume el doble desconsuelo

de un alma agrietada.

Toca mi cuerpo y luego

golpea tambores con frenesí.

Tócame, hermano, abrázame

qué importa que se vaya agrietando

poco a poco la piel de la aldea,

si permanece intacta

la memoria de los ancestros.

El blanco no entiende

y al que vive en una casa blanca

entera e íntegramente blanca

se le ha cerrado el alma,

pero yo sé y él sabe también

que debajo de su sonrisa blanca

se le asoma el miedo

que golpea como cuero

estirado en un hueco de madera,

miedo de que el río que lleva

el nombre maldito

se le cuele por el río

de su propio torrente sanguíneo.

No, tú no, tú no dejes

por la sabana y la aldea

que tanto quieres

que yo muera como un *dingo*

sin que nadie tome mi mano,

sin que nadie cante ni me abrace.

La aldea será salva aunque

a pedazos se caiga nuestra carne

intactos sus paisajes

intacta su memoria,

será por los dioses hallada,

aunque la muerte se cuele

por las rendijas de esa casa

tan blanca.

A Josefina

Me dices, niña, que te escriba un poema

y se me seca la garganta

y algo parecido al terror

me recorre desde la página al alma.

Tienes quince nuevos años

y el esplendor del sol te envuelve,

quince ignorantes años

de lo que puede ser

la vida pestilente.

Intento escribir y se me desploma

la paupérrima metáfora,

pienso en chicas que cargan

sus vidas salpicadas

con la desesperanza.

Las he visto vendiendo

algo más que bellas

e inocentes flores,

con los ojos vacíos

y las manos llenas

de dolores

mucho más viejos

que las abuelas de sus abuelas.

Me pediste, niña,

que te escriba un poema

y mis ojos se llenan

con tus dos grandes

aceitunas brillantes y saladas,

como tu hablar, niña,

cuando te crees grande

y exiges que se te escuche

en tu adultez,

brillantes y saladas

como tus lágrimas

por las que se escapa

mi niña pequeña

que lucía su boina hermosa.

Tengo miedo de que mis versos

no puedan protegerte

del paso de la vida ni del tiempo

que te arrancará de la ignorancia

sobre la miseria humana.

Quisiera que nada te tocara

y pienso en esas chicas,

pienso en flores, pienso en semáforos,

pienso en manos y en bocas pueriles,

mascando tristeza

y devolviendo el dolor en insultos

demasiado espesos

para cuerpos tan pequeños.

Quiero creer que todo eso

ha sucedido porque no tuvieron

a nadie que les regalara un verso,

pero no, no es cierto, ahora mismo

yo lo hago y no puedo detener

la miseria, único rincón

que las abriga.

Pero tú tendrás estos versos

y en ellos, cuando quieras leerlos

podrás recuperar la luz

que desprendes cuando estás durmiendo,

la soberbia arrogancia

de saberte dueña del mundo

quedará guardada aquí

para cuando te haga falta,

la prontitud de tus palabras

y tus ojos que son como

el primer día sereno tras una tormenta,

promesa de que nunca más

habrá un diluvio universal.

Acá se quedará, todo intacto,

porque estos son tus versos,

¡Oh, niña, no parida de mi carne,

pero por siempre

acunada en mis entrañas!

Ayotzinapa

Las voces de la Plaza Mayor

son un rugido suplicante

que se entremezcla con

el humo del copal,

no tiembla la pupila

del guerrero honrado

con la suerte sellada:

Carne de dioses,

cáliz de su propia sangre

aplacadora de la mirada iracunda

de los creadores todopoderosos.

Humo y confusión

gritos en las escalinatas

tres culturas y su plaza

partida en el centro

por doscientos gritos

doscientas almas masacradas

por los iracundos poderosos de siempre.

Suben tus piernas fuertes

que corrían por la selva

en las estrechas escalinatas

doblegas la cabeza

mas llevas erguida la conciencia

y altivo el penacho,

habrás de hacer que el pueblo ascienda.

¿Valentía o inadmisible atrevimiento?

Lo cierto es que no suelen caer bien

a los nuevos poderosos

la mirada sostenida

ni las verdades dichas

y oídas en todas y cada una

de las ancestrales lenguas:

"Que les caiga el brazo

de la ley amparada por los narcos"

"Que los cubran las balas

disparadas por el que no teme

si se trata de resguardar el orden".

No, no tiembla la mano

que sujeta el pedernal

amante voraz

que se abre paso entre la carne

para alcanzar el corazón

alimento consagrado

que calma la ira

del inframundo.

Arriba de los buses

cayeron inocentes,

pichones de tecolotes,

en sus ojos los cuerpos

de sus compañeros,

cayendo sin freno

y sin tiempo

en esa otra, pero misma plaza.

Desde Bonampak a Tlatelolco

Desde Guerrero a Chichén Itzá

la sangre sigue corriendo

por las escalinatas

de piedra eterna,

sin miedo, despreciativa

de la muerte y de la vida

reverente, doblegada

ante invisibles dioses crueles,

sedientos para siempre

de sangre guerrera.

¡Oh, Ayotzinapa,

habrás de ser incensario

sin tiempo, guardián esclavo

del copal humano

que perfumará por siempre

con sus cenizas

a toda tu raza!

Gente

Yo he tenido a bien trasladarme

hasta este país.

Me he quedado al cuidado

de sus niños con el corazón

apretado, pensando

qué será del mío, seño.

Me he trasladado a su casa, señito,

a lo que muchos llaman

el centro de su hogar,

para vivir de prestado

entre sus finas sábanas

y tantas veces me he callado

cuando le he oído comentar

lo bien que cocina la cholita

y lucirse en sus festines

con platos por mí preparados.

Si me permite, seño,

yo sólo quiero hacerle saber

que yo soy decente,

que ocupe una cama

que le pertenece

no quiere decir

que le robe sus sueños,

y si es cierto que me da de comer,

no es menos verdad que me lo gano

sudando lágrimas nocturnas,

y comiéndome a dentelladas

la nostalgia para que no ocupe

todo el pequeño espacio

de lo que tengo a bien

llamar mi cuarto,

es sólo un decir, claro está.

Entonces, seño, ¿por qué

de un tiempo a esta parte

al habitual desprecio

ha usted sumado la rabia

para mal mirarme?

¿Es que acaso no debiera

ser yo la que envidiara

su hermoso y nuevito carro?

¿Por qué entonces pareciera

que es usted la que envidia

estas jóvenes y firmes piernas

con las que me traslado?

¿Tiene miedo, seño? ¡Eso es!

¡Tiene miedo!

Si me bastaba un domingo al mes

para cantar mientras cocino,

apenas unas horitas con los amigos

para sentirme bien y recuperar

lo mío, no quiere ni imaginar

lo que podría llegar a pasar

con más tiempo libre

¿eso es, verdad, señito?

Pues fíjese que ya ha venido ocurriendo

y usted no se entera, no más

porque no ha querido.

Sí, seño, fíjese que va a tener

que atender a esos que con orgullo

llama "los míos".

Porque ha de saber, seño,

que no necesito de días

ni de horas libres

para ser lo que soy

y yo sí soy gente

y, ¿sabe qué?

no da lo mismo,

no me da lo mismo

que después de un año

me siga llamando

como a usted se le regale

y no como me nombraron

cuando a la frente me llegó

el agua bendita

con la que tuvo a bien

regarme el padrecito.

¡Se acabaron las mil horas semanales!

Lo siento, seño,

parte de su mierda

pues va a tener que

limpiarla usted solita.

Ponga la mesa, doñita,

alimente y aguante a sus críos,

sáquese la venda,

tienda su cama

y acuéstese con su marido.

¡Ay, no, no, señito,

no se me ponga así,

no me diga que va a llorar

si yo sólo quería

decirle una palabrita!

A Rocío

Me miras, chiquita linda,

y el Universo entero

no sólo cabe ahí dentro,

sino que se descuelga

de esa, tu profunda mirada.

Me miras con esos

tus hermosos ojos,

dulces como galleta en Navidad

y siento que se me enraíza

el cuerpo y el alma se me ancla.

Algodón de azúcar,

cascabelito de cristal,

pedacito de cielo,

cruzaría montañas y océanos

para escuchar la risa

con la que completas

cada una de las frases

de tus miles de historias

sin final.

Gota inquieta,

bailarina incansable,

fuente eterna

de amorosos e inagotables

torrentes.

Tu mano pequeña

se aferra a la mía

y me haces sentir todopoderosa

porque por un momento

paseo a una estrella.

¡Abre, las puertas, las ventanas,

los techos, arrasa con los puentes,

y con los cercos para que irrumpa

tu risa, burbujeante carcajada!

El Universo sabrá regresarla

como un eco reparador

de heridas ya muy viejas,

como un gesto libertador

de todos los trinos

y todos los sueños.

Canciones

Villancico

Por un caminito

que cruza montañas

que lleva a Belén,

hoy vengo a pedirte

con toda mi fuerza

con toda mi fe.

Yo no he sido buena,

yo no he sido mala,

he sido mujer.

Mi Niño Diosito

bien sabes que

yo le he querido

con todo mi ser.

Jesusito lindo,

mi Dios pequeñito

te vengo a pedir

que este corazón se sane

y que pronto, prontito

él vuelva a latir.

Señor Jesusito,

mi Niño Diosito,

te vengo a rogar

que me des la fuerza

para mirar

con total claridad.

Por un caminito

que cruza los ríos

camina mi bien,

él pasa senderos

y sube las cumbres

sin poder saber

que sigue

un sendero

que lo lleva lejos

para no volver,

pues va hacia el poniente

y yo voy andando

camino a Belén.

Canción para no dormir

Conejos azules

cuando la pena es grande

y el mar está lejos

¿dónde se la envía a reposar?

Conejos grises,

gorriones tristes

cuando la pena no tiene nombre,

¿cómo se le debe llamar?

Conejos rosados,

caballito de juguete,

cuando el alma se apaga

¿el cuerpo se debe aquietar?

A Modo de Biografía

H ace casi medio siglo que transito en este mundo, desde que tuvieron a bien dejarme nacer en el extenso territorio sin límites, donde seres, paisajes, recuerdos y sucesos son moldeados por el viento. Desde mi Patagonia tomé el tren instantáneo para llegar al "Norte"; la locomotora en el austro, el último vagón en Plaza Italia, caminé uno a uno los vagones para intentar llegar a la capital. El viaje todavía no termina, "un sureño nunca termina de llegar a Santiago".

Con sólida vocación de poeta y tenaz timidez de clase media, el camino inequívoco era estudiar pedagogía en letras o algo similar, y así fue. El "cartón" dice profesora de Castellano y Licenciada en Estética. El quehacer me ha llevado a especializarme en las evaluaciones a gran escala; desde ahí me he esforzado por aprender a evaluar mejor y juzgar menos.

El tiempo me ha enseñado que los silencios condensan y dan espesor a las palabras y que la poesía es el mejor camino para la economía lingüística, gran Fondo Económico del que me gustaría disponer, para amparar a los verborreicos paupérrimos de sentido.

Tabla de Contenido

Colofón

Este libro se imprimió mecánicamente, no sabemos dónde ni cuándo, por algún robot dedicado a la impresión bajo demanda. Por lo tanto, nos es imposible indicar cuántos ejemplares han sido producidos a la fecha ni cuántos lo serán en el futuro. Esperamos que se haya usado papel Bond blanco y una tapa de cartulina polilaminada a color, con una encuadernación rústica mediante *hotmelt*. Por lo menos estamos seguros de haber usado la tipografía *Book Antigua*, en varios tamaños y variantes, para la mayoría de su interior.

S

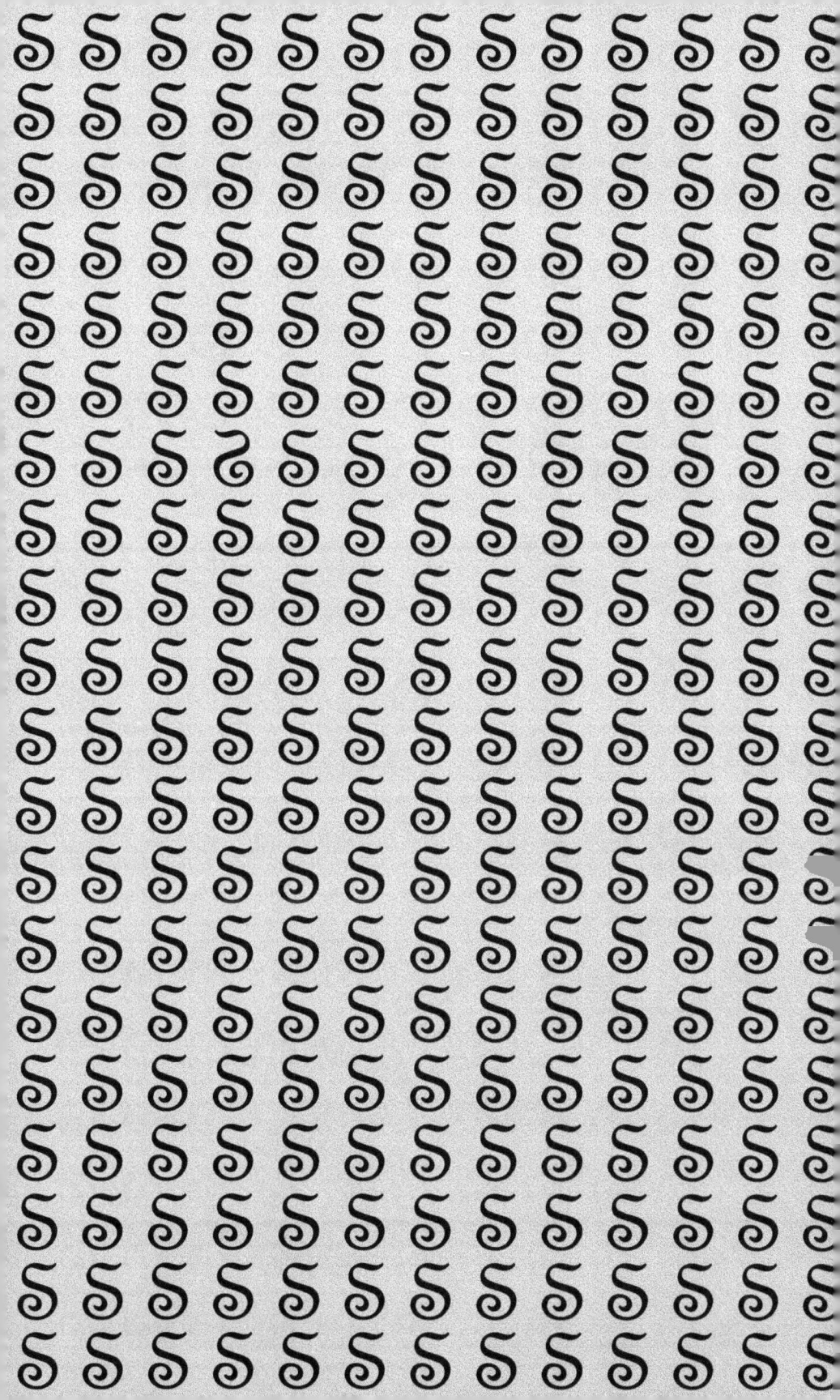

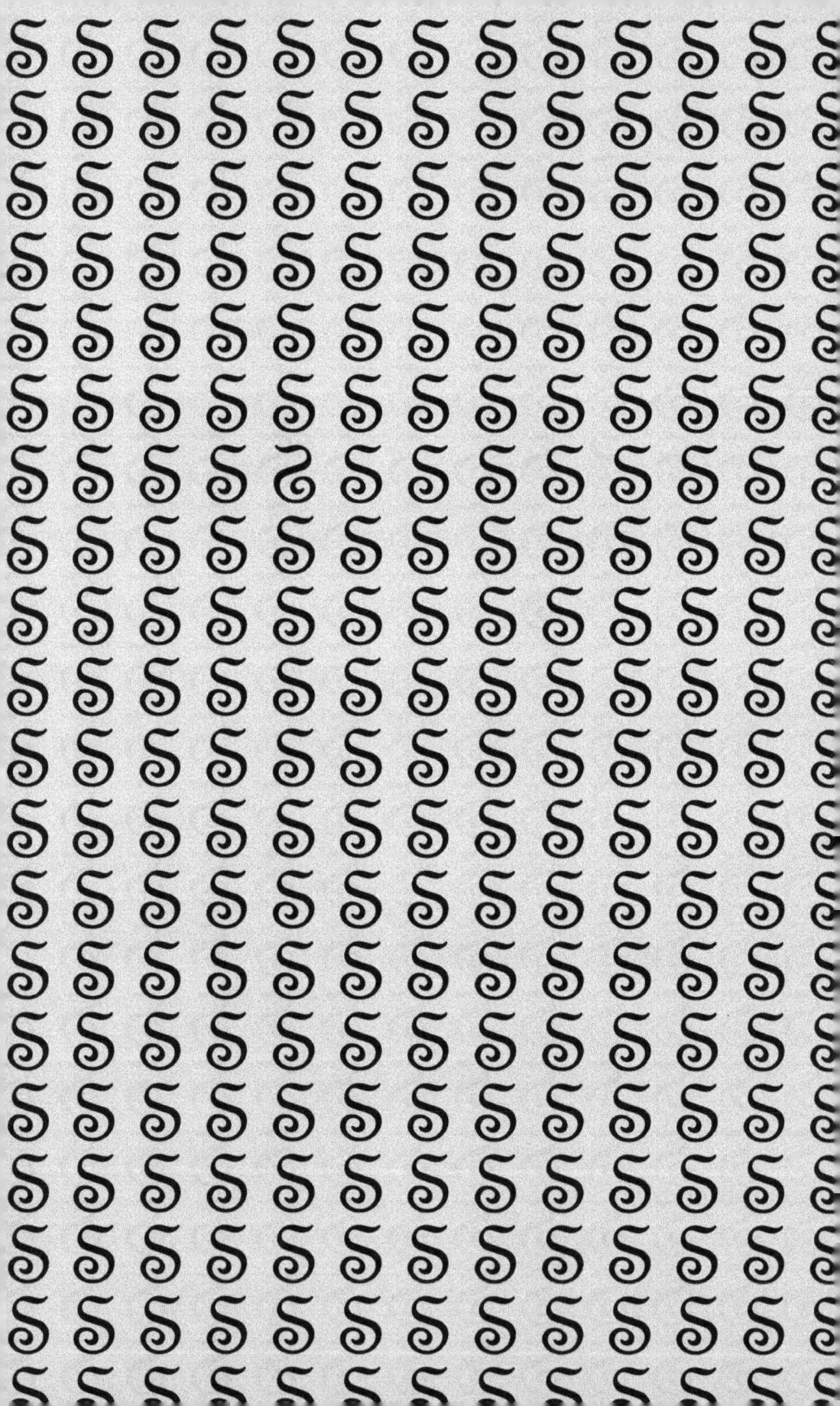

www.ingramcontent.com/pod-product-compliance
Lightning Source LLC
Chambersburg PA
CBHW051954090426
42741CB00008B/1394